Olga Appiani de Linares

Cuentibichos
y otras yerbas poéticas

Ilustraciones: Gabriela Burin

uranito

URANITO EDITORES

ARGENTINA - COLOMBIA - CHILE - ESPAÑA
ESTADOS UNIDOS - MÉXICO - PERÚ - URUGUAY - VENEZUELA

A mi familia.

A Graciela Repún, por su guía y enseñanzas.

A mis compañeros del taller "Nación Cracovia",
por su amistad y los buenos momentos compartidos.

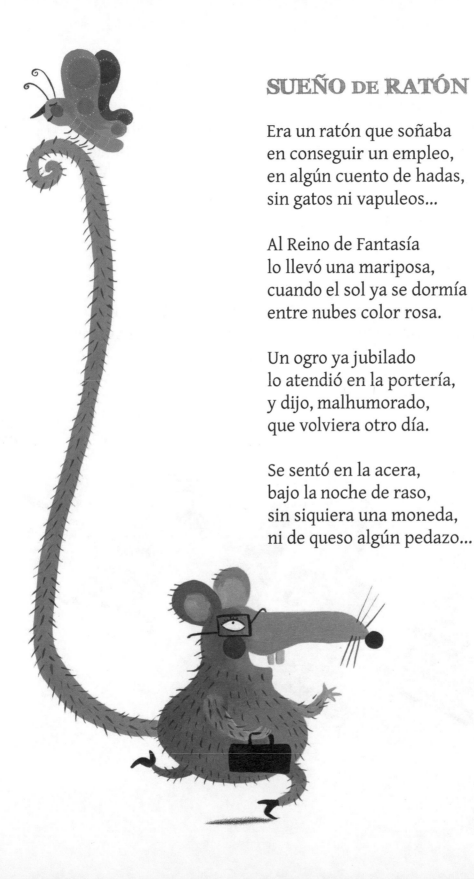

SUEÑO DE RATÓN

Era un ratón que soñaba
en conseguir un empleo,
en algún cuento de hadas,
sin gatos ni vapuleos...

Al Reino de Fantasía
lo llevó una mariposa,
cuando el sol ya se dormía
entre nubes color rosa.

Un ogro ya jubilado
lo atendió en la portería,
y dijo, malhumorado,
que volviera otro día.

Se sentó en la acera,
bajo la noche de raso,
sin siquiera una moneda,
ni de queso algún pedazo...

Temblaba, muerto de hambre,
lamentando su fracaso,
cuando oyó voces de hombre
y el rumor de muchos pasos...

¡Se acercaban siete enanos
con presentes muy valiosos
para darle al soberano!
El ratón, muy ingenioso,

burlando al ogro gruñón
con ellos entró también.
Y escondido en un rincón
estuvo en un santiamén...

Y del rincón ¡al camino!
Persiguiendo los letreros,
al Palacio Cristalino
llegó antes que el lucero.

Las Hadas tenían fiesta
y estaban de buen humor...
¡aceptaron la propuesta
del buen ratón soñador!

Hoy, convertido en actor,
se transforma en muchas cosas:
lacayo, rey, paje, doctor,
¡qué vida maravillosa!

ARTURO MUSIQUERO

Por el huerto muy oscuro
de paseo sale Arturo...
(Como es un caracol
no le gusta mucho el sol).

Quiere formar una orquesta
para animar lindas fiestas,
con el grillo Nicanor,
violinista y buen cantor...

Con la chicharra Etelvina
(aunque siempre desafina),
y un mosquito trompetista
que se cree un gran artista.

Mas se encuentra en un apuro
nuestro musical Arturo:
no toca violín ni quena,
ni canta como sirena...

Es mudo como mojarra,
sin uñas para guitarra...
Pero tiene una ilusión:
¡actuar en televisión!

Aunque no sepa una nota,
ni pueda bailar la jota,
mientras arrastra la panza
¡él conserva la esperanza!

De pronto desde una caña,
le hace señas una araña:
"Isabela es mi nombre,
y aunque puede que te asombre,

además de trapecista,
¡soy una gran baterista!
Pero me falta un tambor
donde tocar con ardor...

¡Si vieras cómo las latas
resuenan bajo mis patas...!
Préstame el caparazón,
verás que tengo razón...".

Arturo, muy sorprendido,
le dice "sí" al pedido,
¡con lo que empieza la araña
a tocar con mucha maña!

Su ritmo es tan inspirado,
que los bichos, embobados,
sienten bailar sus patitas,
vibrar antenas y alitas...

Une su voz al tambor
el violín de Nicanor,
y empieza la diversión
a puro baile y canción.

Con sus primos, el mosquito
zumba ya un carnavalito...
Y a la luz de los cocuyos
resplandece cada yuyo.

En menos que canta un gallo,
entre coles y zapallos,
se arma un baile legendario
para todo el vecindario.

¡Qué feliz se siente Arturo,
porque ahora está seguro:
se va a cumplir su ilusión,
lo siente en el corazón!

Con la araña baterista,
ya se ve en las revistas:
"Isabela y su tambor...
¡suenan cada vez mejor!".

OCTAVIANA
ESTÁ A DIETA

Entre las ramitas verdes
teje y teje Octaviana,
de la noche a la mañana.
¡Ella el tiempo no lo pierde!

Como ha nacido en Arabia
usa túnica y turbante,
diez collares de diamante
y también ocho sandalias.

Muy prudentes los mosquitos
le hacen burla desde lejos...
Por los cuentos de los viejos
¡bien conocen su apetito!

"¡Pero si me puse a dieta!
—dice la araña sonriente—
no le teman a mis dientes,
¡vivo a berro y radicheta!".

"¡Tú eres una mentirosa!
—zumba un moscón enojado—,
¿o piensas que he olvidado
que te comiste a mi esposa?".

"¡Pero si eso fue en invierno...!
Llega el verano y la malla
es chica para mi talla...
No pruebo un bichito tierno...

¡desde el domingo pasado!
No diré que no me apena,
¡si jugo de berenjena
es todo lo que he tomado!".

"¡Y tengo un hambre espantosa!,
mas para estar deslumbrante,
bella, fina y elegante,
debo olvidar la merienda".

"Yo no sé si es verdad eso
—suspira una mariposa—
Tu charla... es muy engañosa,
le desconfío a tu beso".

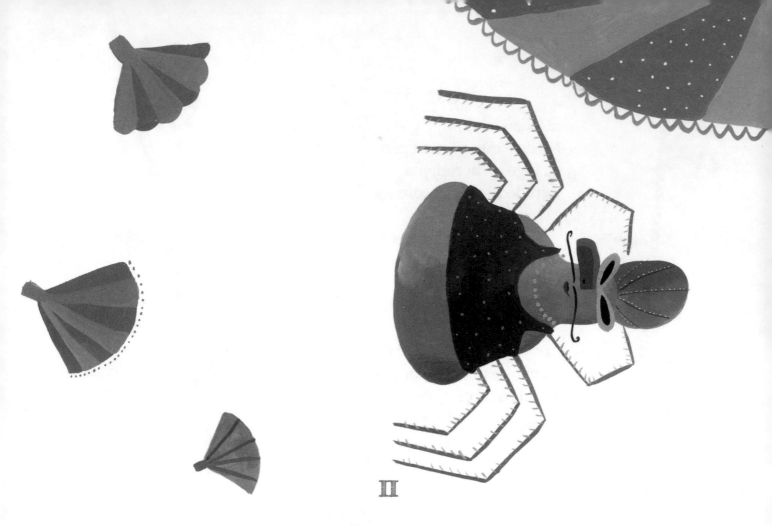

II

Octaviana, en una gota,
se ve un poco más flaquita...
de tanto comer verdurita,
¡ya no parece pelota!

¡Ya casi le entra el bañador!
Y si teje todo el día...
es por quemar calorías
y verse bien en la playa...

Le hace ojitos, vivaracha,
a un araño en camiseta.
Él le alcanza una violeta
¡pues le gusta esa muchacha!

III

Octaviana a su marido
le ha tejido una sombrilla
(que les vino de perillas
porque en la playa ha llovido).

"¡Qué linda estás, mi querida!
—le dice él, zalamero—
¡No sabés cuánto te quiero,
arañita de mi vida!".

Están los bichos contentos
porque, con tanto romance,
parece que hay menos chance
de volverse su alimento.

"Arañas vegetarianas
no abundan en esta vida.
¡Qué bueno no ser comida
al volar entre las ramas!"

—se dicen, muy aliviados
por la nueva situación.
"Por si cambia la canción,
mejor no ser muy confiados

—dice una cigarra vieja—.
Cuando nazcan sus hijitos...
¡abran muy bien los ojitos
y húyanle a esa pareja!".

13

BAILE BICHERO

Mariquita San Antonio,
con su lindo traje rojo,
disfrazada de demonio,
va al Festival del Rastrojo.

Un gran baile de disfraces
con concurso divertido
(donde ganan los audaces
y no los mejor vestidos...).

La bichita, con tridente
y cuernitos de algodón,
¡es un diablo sorprendente
de rojo caparazón!

Le relucen los lunares
que se lustró con betún...
Cruzando los alfalfares
ya no se siente común.

Le ha pedido a un Pensamiento
que le preste su antifaz,
y brillando de contento
ahora luce su disfraz.

Libélulas odaliscas
con bellos trajes de gasa,
hacen piruetas moriscas
junto con una pulga payasa.

"¡Qué linda estás, Mariquita!"
—le gritan todas a coro,
mientras llega una mosquita
con un traje color oro.

La tarántula Cristina,
que tomó mucho tequila
pregunta: "¿No estoy divina
con mi mantón de Manila?".

A pasos bien redoblados
vienen bajando la cuesta
diez ciempiés embotinados
¡y empieza a tocar la orquesta!

Hay tres grillos guitarristas,
dos piojos con su tambor,
diez mosquitos violinistas,
¡y A.B. Jorro es el tenor!

15

Bailando bajo la luna
está todo el bicherío.
Alborotan la laguna...
¡y ninguno tiene frío!

A la hora del trofeo
la cosa está muy peleada...
¡hasta los bichos más feos
quieren medalla dorada!

Mariquita, la endiablada,
es la que sale triunfante...
Y termina la velada
con aplausos abundantes.

Cristina, haciendo ochos,
emprende la retirada:
"La última vez que trasnocho...
¡si a mí nunca me dan nada!".

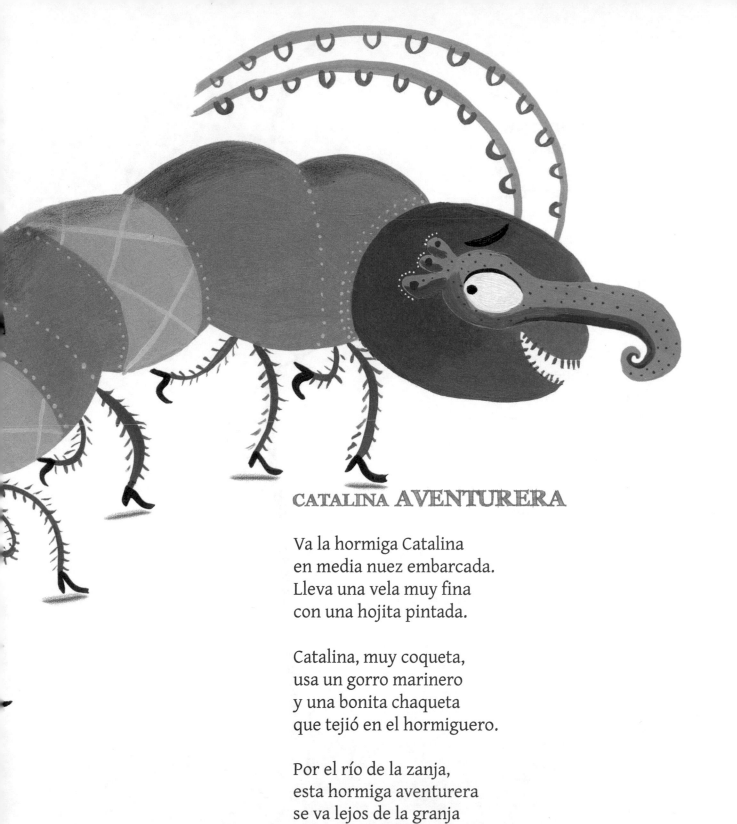

CATALINA AVENTURERA

Va la hormiga Catalina
en media nuez embarcada.
Lleva una vela muy fina
con una hojita pintada.

Catalina, muy coqueta,
usa un gorro marinero
y una bonita chaqueta
que tejió en el hormiguero.

Por el río de la zanja,
esta hormiga aventurera
se va lejos de la granja
y de su vida hormiguera.

Quiere llegar a Uruguay,
donde vive la cigarra,
y a la sombra de un yatay,
tocar juntas la guitarra...

Tomar mate con galletas,
y refrescos con pajillas...
Conocer grillos poetas
en el Bar La Margarita.

Cantar a coro algún samba,
un rock, una chacarera...
¡Qué buena vida, caramba!
¡Más dulce que azucarera!

Le bailan solos los pies
pensando en ese mañana...
Y en su barquito de nuez...
¡ya dio cien vueltas manzana!

MELINA ENAMORADA

Está la hormiga Melina
enamorada del grillo
que debajo del membrillo
siempre canta a su vecina.

Pero la ignora el bichito,
aunque se pinte los ojos
o se ponga moños rojos
y use vestido cortito...

La encuentra un escarabajo,
que la socorre al instante...
Por ayudarla, galante,
ha soltado el contrabajo...

Melina, muy conmovida,
quiere saber si es artista
(como el grillo violinista
que le consume la vida).

"Toco en el club El Gran Bicho
—le dice su nuevo amigo—,
si quieres, ven tú conmigo".
Del grillo y de su capricho

pronto se olvida Melina...
(¡Por la música se aloca...
sin importarle quién toca!).
¡Ya no se siente una ruina

y le vuelven los colores...!
Alejo, el escarabajo
la ha invitado a su trabajo...
¡y acepta de mil amores!

Es muy buen mozo el bichito...
Es muy bonita la hormiga...
Alejo mira a su amiga...
Y Melina le hace ojitos...

Charlando de tonterías
los bichos parten felices...
(Puede que coman perdices
y escuchen Avemarías...).

Ya no hay amor desgraciado...
y aquí se termina el cuento.
Se acabaron los lamentos...
¡Y colorín, colorado!

GORGOJO'S CLUB

En un paquete de harina
tienen su club los gorgojos.
A tomar té o granadina
van con bastones y anteojos.

La entrada está permitida
solo a socios e invitados
(sabandijas bien nacidas
y bichos muy destacados).

Un insecto mayordomo
vigila atento en la puerta...
No entrará ni por asomo
cualquier bichejo de huerta...

Ya empujó, muy prepotente,
a Juan, el bicho bolita,
lo trató de delincuente
y le pegó en la pancita.

Esa acción de desalojo,
con risas de gente fina,
aplaudieron los gorgojos
de corbata y capelina...

"¿Cómo se atreve ese bicho?"
"¡Qué enorme desfachatez!"
Y con esos y otros dichos
aplauden una y otra vez...

Pero con tanto alboroto
en la tranquila alacena,
entre sémola y porotos
los descubre doña Elena.

"¡Qué bichos insoportables
que todo lo contaminan!"
—y de manera implacable
al tacho tira la harina...

Se acabó la pretensión
del lugar tan exclusivo...
Tienen otra ubicación
con aroma repulsivo...

Sin bastón ni capelina,
sin anteojos ni corbatas...
¡Negra se ha puesto la harina
entre cáscaras y latas!

Ya no les valen enojos,
la cosa... ¡no tiene cura!
Se descubren los gorgojos
rodeados por la basura.

"¡Yo me muero del disgusto!
—balbucea una matrona—
¡No nací para estos sustos,
yo no soy una fregona!"

"¡Ay, mira qué bichos finos!
—se burla un cucaracho—
¿No les pareció divino...
terminar aquí en el tacho?".

HARINA
000

LOS DOMINGOS DE ANACLETO

Cuando se asusta Anacleto
le pasa siempre algo raro
se le frunce el esqueleto
sin aviso ni reparo...

Y aunque no le guste mucho
no puede evitar el gesto:
¡el pobre vive con susto,
retorcido y muy molesto!

Si lo toca una pajita...
o si se escucha algún ruido...
o si rueda una piedrita...
o si resuena un chasquido...

¡Zas! ¡Las patitas en alto!
¡A juntar cola y cabeza!
Y vive entre sobresaltos
escondido en la maleza...

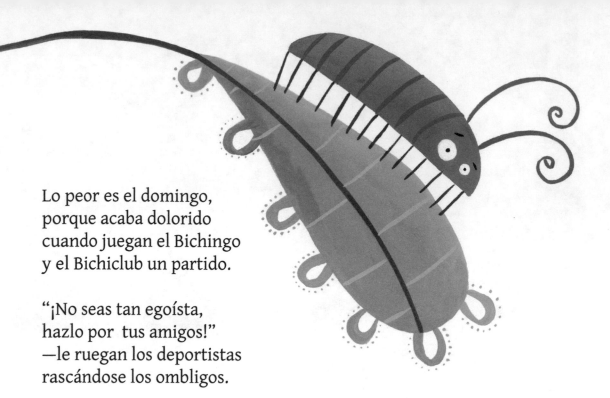

Lo peor es el domingo,
porque acaba dolorido
cuando juegan el Bichingo
y el Bichiclub un partido.

"¡No seas tan egoísta,
hazlo por tus amigos!"
—le ruegan los deportistas
rascándose los ombligos.

Insiste el entrenador,
un pulgón viejo y con hipo:
"¡Contigo todo es mejor!
¡Eres el sol del equipo!".

"¡Después te pongo venditas!"
—le susurra una fanática,
que agitando banderitas
da saltos, muy acrobática.

Y Anacleto se resigna,
como siempre le sucede...
Asustarse es la consigna,
aunque sepa bien que duele.

Para poder darles gusto
junta cabeza y colita,
pensando cosas de susto
¡se transforma en pelotita!

II

El Bichiclub hace goles,
pero el Bichingo hace más...
(Relatan dos caracoles...
¡que no jugaron jamás!).

Va Anacleto de arco en arco
en su papel de pelota...
Cuando aterriza en un charco
piensa tres mil palabrotas.

Al fin termina el partido
y Anacleto se endereza.
Está todo sacudido
y le duele la cabeza.

"¡Quiero un té con aspirinas,
quiero friegas con alcohol,
quiero un beso de Sabrina
y dormir tirado al sol!".

"¿Y dónde están las venditas?"
—chilla Anacleto enojado,
arrastrando las patitas,
con todo el cuerpo mojado.

"Está mi vida maldita
—piensa bastante amargado—.
¡Por nacer bicho bolita...
termino siempre pateado!".

NICOLASA DICE ADIÓS

I

Hoy la abeja Nicolasa
se levantó decidida,
toma el té con miel y masas,
pensando en cambiar de vida.

Se cansó de la colmena
y las órdenes reales.
Piensa que vale la pena
ver otros mundos florales.

Y dentro de la valija
guarda miel, agua de rosa,
un mapa, una cobija,
un paraguas y otras cosas...

Se pone un poncho amarillo
y un sombrero de aceituna,
un pañuelo en el bolsillo...
¡y parte a buscar fortuna!

¡Qué escándalo en la colmena!
¡Qué desorden, qué alboroto!
A Nicolasa, serena,
¡eso le importa muy poco!

Con la brújula en la mano
y su valijita a cuestas,
su deseo es soberano
¡no hará caso a las protestas!

II

Cuando despierta la luna,
descansa en una morera,
donde conoce a una oruga
de su casa prisionera.

"¡No será siempre lo mismo!
—le dice ella, amistosa—
Cuando llegue tu bautismo,
te volverás mariposa".

"Si quieres en el verano
podrías volar conmigo...
gustar del aire serrano,
del color del mar y el trigo...".

Nicolasa, en una hoja,
dibuja un mapa preciso:
"Te espero en la Flor Más Roja
a la vuelta del Narciso".

A la mañana temprano
se dicen adiós las amigas:
"¡Hasta el próximo verano,
cuando bailen las espigas!".

Y allá se va Nicolasa,
con su poncho y su sombrero...
Ni se acuerda de su casa
¡porque tiene el mundo entero!

NICANORA
EN PRIMAVERA

La polilla Nicanora
se aburrió de su vestido,
y a un hada benefactora
un nuevo traje ha pedido:

"Quiero vestir de colores
como toda mariposa,
ser linda como las flores
y dormir en una rosa.

Me cansé de los roperos
y de comer lana vieja,
encerrada el día entero
¡igualito que una almeja!

Quiero volar por el mundo,
no quemarme en una vela,
ver el sol por un segundo
¡aunque se enoje mi abuela!".

El hada, muy complaciente,
cambió su color de arena.
Con colores relucientes
le tiñó alas y antenas.

"¡Ya no soy una polilla!
¡Digo adiós a los armarios!
¡El cambio me maravilla!
¡Se acabó lo carcelario!".

"Nicanora, con cuidado,
que no te coman las aves...
Tu traje... ¡no está blindado,
ni te protegen más llaves!".

"A mí eso no me importa,
quiero hacer cien travesuras,
¡prefiero una vida corta
que larga sin aventuras!".

Y con sus alas preciosas,
brillantes, aventureras,
Nicanora, muy dichosa,
se asomó a la primavera.

HISTORIA DE AMOR CON ALAS

Ramona, la mariposa
que nació en la biblioteca,
además de ser preciosa,
no es nada cabeza hueca.

Por tanto andar en lo oscuro
se ha puesto un poco pálida.
Le han mandado, con apuro,
descansar como crisálida...

En el Hotel Lirio Azul
va a pasar la temporada,
bajo sombrilla de tul,
hasta estar recuperada.

Sobre un pétalo amarillo
se ha tendido a tomar sol.
De lejos la mira un grillo,
asomado a un girasol.

Leyendo cuentos de hadas,
ella no presta atención...
"¡Qué bicha tan agraciada,
ya me robó el corazón!

—se dice el grillo, contento
al verla tan diferente—
Esta niña es un portento
¡tan linda, e inteligente!".

Y Ramón Grillo, escritor
de libros hechos con hojas,
escribe versos de amor
a la blanca mariposa.

Ramona alza los ojos
al oír la serenata.
Cuando deja los anteojos...
¡se pone rojo escarlata!

(En los estantes oscuros
nunca sintió esa emoción...).
Saltando como canguro
canta Ramón su canción.

Le invita un té de hojitas...
Él hace una reverencia...
Temblándole las patitas,
la saluda con prudencia.

Y charlan la tarde entera
como dos viejos amigos...
Después él dice: "Quisiera
que tú... te cases conmigo".

Ella, de nuevo muy roja
(y no es por causa del sol...),
entre el verde de las hojas
¡reluce como farol!

Llega el día de la boda
y los casa un grillo viejo...
Con la música de moda,
flor de torta y gran festejo.

Y colorado, colorín...
(¿O colorín, colorado?)
Mejor será decir "Fin...".
¡Este cuento ha terminado!

UNA CARTA DE YAKARTA

A la tortuga Maruja,
en un sobre con burbujas,
le ha llegado una carta
de su prima de Yakarta.

Una tortuga marina,
que se fue a las Filipinas
a nadar entre corales
sin temor a temporales.

"No conozco ni la plaza
—piensa Maruja en su casa—
Ya estaba bastante harta...
¡Y encima llega esta carta!

Quiero tener vacaciones,
no tantas preocupaciones,
ir por la arena en ojotas,
como mi prima Carlota...

¡Estoy cansada del huerto!
Me voy ya mismo hasta el puerto
para cruzar el gran charco
a bordo del primer barco..."

Adentro de su valija
guarda collares, sortijas,
un sombrero, bronceador,
y la foto de su amor...

Unos tomates maduros,
unos lentes muy oscuros
que la protejan del sol,
dos lechugas y un frijol.

Una gorra marinera,
una florida solera,
unas sandalias de helecho...
¡Y parte sacando pecho!

Aunque no lleva una guía,
Maruja, pobre, confía
que encontrará su camino
hacia el sueño filipino...

Para empezar su aventura,
sube a un carro de verduras,
por creer que lleva al puerto
la cosecha de algún huerto.

Maruja, ¡qué confusión!,
acaba en una estación...
Y mirando un letrero
lee: "A Mar del... Andén Cero".

Pensando en su vacación
mezcla puerto y estación...
Pero si hay mar, ¡suficiente!
Deberá embarcarse urgente...

Y mientras corre hacia el tren
(¡qué largo se hace el andén,
aunque vaya a la carrera!)
sueña con mar y palmeras...

Se acomoda para el viaje
en el vagón de equipajes...
Maruja respira al fin,
después de tanto trajín.

Y porque está muy cansada,
hasta la última parada
se duerme como una roca
roncando como una foca.

Al bajar con gran cuidado
siente un raro olor salado.
Maru carga su equipaje
y va en busca del oleaje.

Piensa que verá allí a Carlota,
y siguiendo a las gaviotas,
justo al final del camino
halla un mar color pepino...

"¡Ay, qué olas más grandotas!
¡Ay, qué frías estas gotas!
¡Ay, qué enorme que es el mar!
¡Yo no me animo a nadar!".

Dice asustada Maruja:
"A mí me falló la brújula,
Filipinas, esto no es".
¡Y ni se moja los pies!

EN EL REINO
DISTRAÍDO

En el Reino Distraído
todos se olvidan de todo.
¡Si hasta el trono lo han perdido
con tan distraídos modos!

"¿Quién me sacó la corona?"
—patalea la princesa.
¡Qué niña más tontorrona!
¡Si la tiene en la cabeza!

Demanda el hada Merlina:
"¿¡Dónde puse mi varita!?".
¡Se la ha dejado en la esquina,
junto al plato de masitas!

La Bruja Mayor del reino,
con el gorro al revés,
más furiosa que el infierno,
chilla una y otra vez:

"¡Devuelvan ya mi caldero!".
¡Sin recordar, la espantosa,
que lo guardó en su ropero
de cosas maravillosas!

El rey vuelve del combate
y ve un desierto de arena...
No sus torres, sus arriates,
sus insignias, sus almenas...

"¿Dónde quedó mi castillo,
mi reina, mis servidores?
¡Convertiré en picadillo
al que robó mis amores!".

"Señor rey, si me permite,
se confundió de lugar...
Todo eso, aún existe,
¡del otro lado del mar!"

—le dice un servidor
que tiene buena memoria...
Gracias a él, su Señor,
¡está de nuevo en la gloria!

Y por la ruta del sol
regresa el desmemoriado,
a pasos de caracol
recordando lo olvidado...

Como sabe todo el mundo,
con colorín, colorado,
(no lo olviden ni un segundo),
este cuento... ¡se ha acabado!

LA OLOROSA HISTORIA
DE MC FATIGA

El príncipe Mc Fatiga
se está quedando soltero,
ni una princesa es su amiga,
¡pues parece carbonero!

Aunque de oro son sus peines,
nunca jamás se ha peinado,
por más que todos se empeñen,
él siempre está muy cansado.

Su capa, de tan mugrosa,
parece de pordiosero...
No huele por cierto a rosas,
¡sino a comercio quesero!

Para besarlo a la noche,
ya que apesta el infeliz,
la reina coloca un broche
sobre su real nariz...

En los bailes cortesanos
se desmayan los ujieres,
los guardias, los aldeanos,
y, por cierto, las mujeres...

Hasta a las brujas espanta,
renunció su hada madrina,
pues su aroma solo encanta
a las ratas más cochinas.

Si se saca los zapatos
huyen ogros y dragones,
duendes, diablos, ¡hasta el gato!
¡Todos piden vacaciones!

Más allá de las colinas
su fama, tan aromática,
inunda cortes vecinas
¡qué honra más antipática!

Y por eso las doncellas
se hacen las distraídas,
sean feas o muy bellas...
¡le escapan, despavoridas!

Llora la pareja real
por no tener herederos...
¡Para el reino es mortal
un príncipe no casadero!

Hasta que un día preciso
Mc Fatiga, acicalado,
limpito de pies a rizos,
con capa nueva, lustrado,

se aparece ante sus padres
diciéndoles que se casa...
¡Tal salto pega su madre
que llega hasta la terraza!

"¿Adónde está la elegida?
—preguntan los dos a coro—
¡La que te cambió la vida,
Fatiguita, mi tesoro!".

"La encontré yo hace un mes,
cuando, tras caerme al río,
me pescó igual que a un pez,
¡yo estaba muerto de frío!".

43

"Creo que vale la pena
hacerles una advertencia...
¡Es mi amada una sirena
de prodigiosa apariencia!".

"¡¿Una sirena ha pescado
a nuestro hijo?! ¡Qué espanto!
¡Seguro que está hechizado
por su maléfico canto!".

"¿Tendrán mis nietos escamas?
—dice la reina aturdida—
¿Serán verdes como ranas?
¡Qué húmeda será su vida!".

Cuando se les pasa el susto,
piensan que peor es nada,
no será del mejor gusto,
pero la chica es su amada...

"Como el río es su elemento,
se bañará nuestro hijo...
¡Y estaremos bien contentos,
de verlo limpio y prolijo!".

Para el regio casamiento
toda la corte fue al agua.
A los novios, juramento
tomó un obispo en piragua.

LA PRINCESA LUISA
Y EL DRAGÓN PIZZERO

Desde el mismo nacimiento,
a la princesita Luisa
le gustó mucho la pizza
con anchoas y pimientos.

¡Si nació para caviar!
—dice la Reina aterrada—
¡Esta niña está embrujada!
¡No lo puedo soportar!

Con ese aliento a pescado,
a queso y ají picante...
¡No habrá príncipe valiente,
ni finales encantados!

"Ha de ser el maleficio
de algún hada despechada...
¿Morirá Luisa empachada
por embrujo alimenticio?".

Un día llega un dragón
con doce cajas de pizza
que pidió la niña Luisa
al "Pizzero Barrigón".

(Vieja fonda del poblado,
donde trabaja el dragón
dándole aire al fogón
y haciendo algunos mandados).

Luisa lo mira a los ojos...
El dragón la mira a ella...
¡Nunca vio niña más bella,
ni con los labios más rojos!

La corte mira, espantada,
como Luisita lo besa:
"¿Qué le pasa a la princesa?"
—dicen todas las miradas.

Desaparece el dragón
en una nube de ceniza...
En su lugar, y ya sin pizzas...
¡está el príncipe Obregón!

Rescatado del hechizo,
amante y agradecido,
cae ante Luisa rendido
de rodillas en el piso...

¡Boda con pizza y helado!
¡Están todos muy felices!
(sobre todo las perdices)
y este cuento ha terminado...

NOCHE DE HECHIZOS

¡Jabaztrufas! —dice Oleana,
una brujita aprendiza,
hechizando así la escoba
de la Gran Bruja Leticia.

La escoba, encantada,
amasa cuarenta pizzas,
masas, tortas y empanadas
entre harina y sonrisas...

Blanco queda el gato negro,
y tres ratones ceniza,
que alguna vez fueron ogros,
enemigos de Leticia.

De pico a cola encrespada,
la lechuza de Leticia
va volando, alarmada,
a chistarle la noticia.

Leticia, con el apuro,
mete el pie en el orinal...
"Es que estaba muy oscuro",
dice, y enciende un fanal.

Hecha una furia en ruleros,
baja peldaño a peldaño.
Los murciélagos, sinceros,
chillan: "¡Cómo huele a baño!".

En el cuervo y la lechuza
una visión ahora brilla:
Oleana vuelta por la Bruja
¡un ratón a la parrilla!

La escoba de dura paja,
tiene corazón de trigo...
Oye a Leticia que baja
y se imagina el castigo...

"La chica me simpatiza
mucho más que mi patrona...
Con ella, muero de risa...
¡La bruja es tan regañona!".

Y justo cuando Leticia,
precedida por su aroma,
hecha una real inmundicia
a la cocina se asoma,

Pero después ven las pizzas
cubiertas de muzzarella,
las tortas y masas listas
(de chocolate, de crema...).

Oleana, sobre la escoba,
por la ventana se esfuma,
y así a la bruja joroba,
huyendo hacia la luna.

"¡Los nervios me dan un hambre!"
—exclama la maloliente
y se lanzan cual enjambre
a darle gusto a los dientes.

La lechuza, sorprendida,
chilla su desilusión:
"¡Allá se va mi comida!".
"¡La nuestra, qué perdición!"

Leticia se desayuna
como si fuera una ogresa:
las pizzas, una por una,
y diez jarros de cerveza.

—añade el cuervo enojado,
mientras le gruñe la panza.
¡Qué rabia da a los malvados
quedarse sin su venganza!

La lechuza, muy osada,
ataca las aceitunas.
El cuervo, las empanadas...
¡La cosa es que nadie ayuna!

Cuando se acaba la noche,
Leticia, la panza llena,
es un barril, un bamboche,
un cerdo, una ballena...

Hasta que al fin desanuda
de su bata el cinturón...
(Si alguna vez fue huesuda...
¡Hoy revienta el camisón...!).

EL PASTOR
Y LOS LOBOS

Estaban aquellos lobos
de humores más que perrunos...
Por culpa de cierto bobo,
ya no hay paz para ninguno.

Al jefe de la manada
lo miran todos contritos:
"Jefazo, si no haces nada,
vales menos que un mosquito".

El líder siente tal furia
que le rechinan los dientes...
¡Ya le cobrará la injuria
a su sarnoso asistente!

Solo tolera la ofensa
porque, tras tantos ayunos,
está su gente propensa
a arranques inoportunos.

No quiere broncas y líos
que compliquen su gobierno...
Debe mantenerse frío,
¡no echarle fuego al infierno!

Y así dice el soberano
de la manada lobuna
a sus queridos hermanos
que aúllan bajo la luna:

"¡Hartos nos tiene el pastor,
que anda sembrando temores,
en vez de hacer su labor
callado y de mil amores...!

Pipo se llama el mocoso
que azuza a toda la aldea.
—¡Lobo! —grita el mentiroso,
cuando le viene la idea.

Ya nos arden las orejas,
se nos mustia la pelambre,
por no tocar sus ovejas,
¡muriendo estamos de hambre!

Las patas nos tiemblan, flojas,
porque, por más que lo odiamos,
comemos frutas y hojas,
cual bichos vegetarianos.

Por nuestra fama maldita
nos cargan cualquier delito:
las cabras... Caperucita...
¡Y también los tres cerditos...!

Y como esto ya es acoso,
exige nuestra venganza:
¡vayamos tras el mocoso
para llenarnos la panza!

Según uno de mis primos,
perro viejo y hogareño,
también todos los vecinos
están hartos del pequeño...

Con sus alarmas en chanza
los hace sentir muy bobos.
Ningún cristiano descansa
si alguien siempre grita: ¡Lobos!

Ya no valen juramentos,
nadie le cree al pastor...
Cuando oyen sus lamentos
¡suben el televisor!

Y tengo entre ceja y ceja
tomar ya una decisión;
de nada sirve la queja
¡démosle curso a la acción!".

Sale veloz la manada,
repasadores al cuello:
¡a Pipo, hecho empanada,
se imaginan todos ellos!

Y ovejas a la española,
al horno, en hamburguesas,
¿por qué no a la cacerola,
o también en milanesas?

II

En el pueblo no hay más gritos,
ni en los lobos hay rencor,
pues calmaron su apetito
con un guiso de pastor.

Entre fieras y vecinos
se firmó luego un contrato:
si les pagan con porcinos
les van a cuidar los hatos.

No guardan más ensaladas
los lobos en la heladera,
sino cerdos bien guisados,
con recetas de primera.

Y aunque se quejen los cerdos
y las ovejas suspiren,
en la aldea, en gran acuerdo,
lobos y gente conviven...

ROMANCE
CON LORO Y PIRATAS

Va el pirata Malapata
en su barco aventurero.
Ojotuerto, en voz alta,
grita: "¡Alerta, bucaneros!".

Ha visto a barlovento
un importante galeón...
Se acercan a sotavento,
más feroces que un león...

Ya despliegan encantados
su bandera negra al viento,
y hasta el loro desplumado
abre su pico contento.

Rugen todos los bandidos,
armados hasta los dientes,
pensando pinchar ombligos
con sables o escarbadientes.

Feroces y escandalosos,
se lanzan al abordaje;
el loro grazna, quejoso:
"¡No griten como salvajes!".

Recorren de punta a punta
el barco que han abordado.
Malapata ya barrunta:
"¡Algo raro aquí ha pasado!".

En la nave no hay ni un alma,
ni una mísera peseta...
¡solo un retrato de dama
con una enorme peineta!

"Esta niña es muy bella",
suspira el rudo corsario.
"Con una novia como ella
no sería un solitario...".

De su romántico anhelo
lo saca un grito de alerta:
"¡Nos atacan, voto al cielo,
salgamos de la cubierta!".

¡Qué violento desembarco,
qué estampida de piratas!
No hay tesoros en el barco...
¡solamente muchas ratas!

Patas de palo, galletas
guardadas en un tonel,
cofres, armas, las coletas
de grumete y timonel...

¡Todo arrasa el raterío!
Malapata y sus compinches
abandonan el navío
armando mucho bochinche...

Echan los botes al agua...
(como perdieron los remos,
usan manos y paraguas
y maldicen, ¡qué blasfemos!).

Tras subir y bajar olas,
aparece, algo más lejos,
una chalupa muy sola.
Y al verla con catalejo,

Malapata, agitado,
a bordo observa a la niña
de aquel retrato admirado
en la frustrada rapiña.

Ya no piensa en tesoros,
ni en la huida vergonzosa...
¡Vale más que todo el oro
una niña tan hermosa!

Se pone el bote a la par...
La dama ve al corsario...
Y, en un acto singular,
le arroja fino rosario.

Su padre se escandaliza:
"¡Hija, que es un pirata,
te daré flor de paliza
con mi muy noble alpargata!".

Malapata salta y sin temor
toma a la niña en sus brazos.
Mirándose con amor,
se estrechan en un abrazo.

Del bote brincan los dos...
Grita el conde hecho una furia:
"¡Te desheredo, por Dios,
pues me causas tal penuria!".

No escucha la españolita,
ni tampoco Malapata:
"Por ti, bella damita
ya no seré más pirata...".

Ojotuerto y Patatiesa
encabezan un motín:
"Tú tienes a tu princesa,
nosotros, ¡ningún botín!".

El loro, emocionado,
impide hechos violentos:
"Viejo soy y desplumado,
pero me siento contento

por estos dos tortolitos...
¿Y si yo tomo la posta,
realizamos mil delitos...
y ellos quedan en la costa?".

"¡Este loro es un campeón!",
vitorean los piratas.
"¡Seremos su tripulación,
ya verán aquellas ratas!".

En una isla perdida
bajan los enamorados...
Muy feliz será su vida
(y este cuento ha terminado...).

SE ESCAPÓ
LA DENTADURA

Hoy, los dientes del abuelo
se marcharon de paseo...
Y con aires de cangrejo
se alejaron del buen viejo...

En la pieza de Manuela
encuentran sus castañuelas...
Y la noche, sorprendida,
¡se sueña en Andalucía!

Pues debajo de la cama,
como si fuera gitana,
esa vieja dentadura
repica, gira, se apura...

Bailando muñeiras, jotas,
pega saltos de pelota,
hasta llamar la atención,
con tanto baile y acción,

de la gata familiar
¡que ya la quiere atrapar...!
¡Pues no le importa a la gata
si son dientes... o si es rata!

Huyen corriendo los dientes
(¡no es hora de ser valientes!)
y por la puerta del perro
logran salir del encierro.

A saltos cruzan la reja
y de la gata se alejan,
para llegar hasta el mar,
mojado de luz lunar.

La saludan veinte almejas,
aunque luce rara y vieja,
igualitas son sus huellas...
se parece mucho a ellas...

Cuando por fin vuelve el sol,
más lenta que caracol,
regresa la aventurera,
toda cubierta de arena.

Cansada por su aventura
se duerme la dentadura...
Cuando despierta el abuelo
¡la ve tirada en el suelo!

Y aunque la lava muy bien,
siente en la boca, él también,
gustito a mar y aventura,
a castañuelas y a luna...

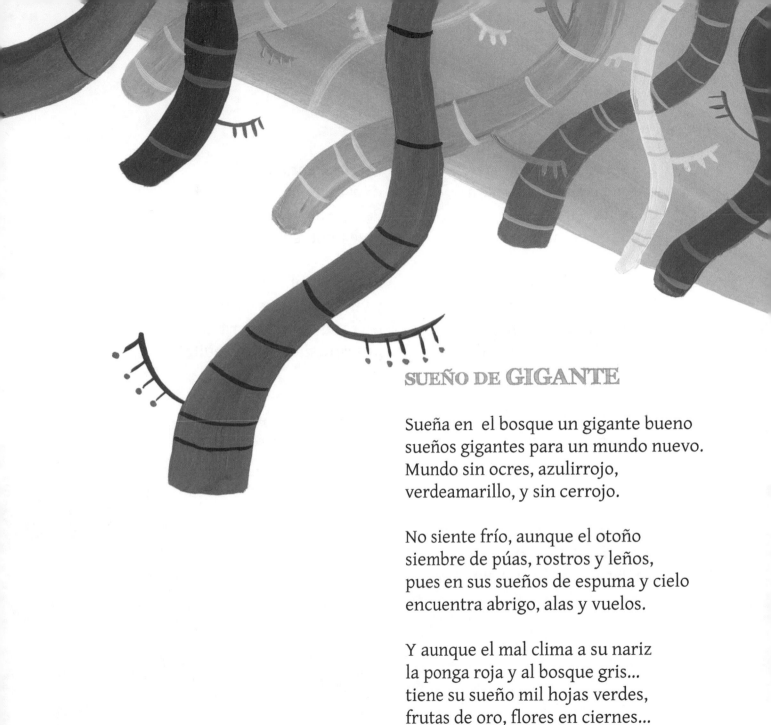

SUEÑO DE GIGANTE

Sueña en el bosque un gigante bueno
sueños gigantes para un mundo nuevo.
Mundo sin ocres, azulirrojo,
verdeamarillo, y sin cerrojo.

No siente frío, aunque el otoño
siembre de púas, rostros y leños,
pues en sus sueños de espuma y cielo
encuentra abrigo, alas y vuelos.

Y aunque el mal clima a su nariz
la ponga roja y al bosque gris...
tiene su sueño mil hojas verdes,
frutas de oro, flores en ciernes...

Tibios los sueños, como semillas,
a la esperanza le hacen cosquillas...
Sueña que sueña y en ese empeño
también su vida se vuelve sueño...

LA VACA RARA

Es una vaca muy rara,
que cabe en una cuchara
chiquita para café...
¡Aunque no me crea usted!

Su cuerpo es bastante duro,
tiene lunares oscuros,
pero no cola ni cuernos...
¡Y es más roja que el infierno!

Siendo de poco tamaño,
puedo tener un rebaño
adentro de una latita...
¡Es la verdad, señorita!

En la hoja de un malvón,
sus patitas de carbón
andan arriba y abajo,
sin darle ningún trabajo.

No sirve para dar leche,
ni para un buen escabeche...
Pero lo más asombroso...
¡que también es muy hermoso!

es cuando abre las alas
y vuela sobre las calas,
las rosas, las margaritas...
¡Nuestra muy rara vaquita!

Adivinaron, tal vez,
que si entra en una nuez
y se para en un retoño...
Es vaca... de San Antonio.

ÍNDICE